MERLES

ET

FAUVETTES

PAR

Justin BESSOU

RODEZ

IMP. H. DE BROCA, BOULEVARD SAINTE-CATHERINE, 1.

1877

MERLES

ET

FAUVETTES

PAR

Justin BESSOU

RODEZ

IMP. H. DE BROCA, BOULEVARD SAINTE-CATHERINE, 1.

1877

A Monsieur l'abbé SANNET,

CURÉ DU MUR-DE-BARREZ

ANCIEN PROFESSEUR DE RHÉTORIQUE

A SAINT-PIERRE

Monsieur le Curé et bien cher Maître,

Ce petit livre est un peu le vôtre, et vous êtes condamné à vous trouver en tête de sa première page. Ne m'avez-vous pas donné le sujet de mes premières rimes ? N'avez-vous pas eu même, il y a douze ans, **la malheureuse bonté** de me dire que je pourrais chanter un jour le **Clocher de mon village ?** Cette parole d'encouragement a porté ses fruits, bons ou mauvais, ou l'un et l'autre, ou peut-être, hélas ! ni l'un ni l'autre ! — Mais, tels qu'ils sont, ils vous intéressent, et j'ai le droit de vous en offrir les prémices. Acceptez-les aussi comme un faible témoignage de ma vive reconnaissance pour mon ancien maître.

J. B.

PRÉFACE

L'auteur de ce petit recueil n'a pas la préten-
tion d'être poëte et ne s'attend guère à occuper
le public. Il se donne simplement la satisfaction
d'être agréable à quelques amis et............ à
lui-même.

S'il trouve quelque sympathie et quelque encouragement, il est probable qu'il en témoignera
sa reconnaissance par quelque production nouvelle. S'il ne rencontre que l'indifférence, plus
redoutable que la plus sévère. critique, il n'est
pas bien sûr que cette leçon le convertisse. Le
moyen, pour certaines gens, de ne pas faire des
vers?.... Le moyen surtout de ne pas les montrer
quand ils sont faits?..... Voilà son excuse et
toute sa préface.

Saint-Geniez, 29 novembre 1876.

A MES VERS

Enfin, vous allez faire un livre...;
Sortez de mon obscur tiroir,
Partez, mes vers, je vous délivre,
Puissiez-vous être heureux et vivre
Même au-delà de mon espoir !

Mais, hélas ! vous allez paraître
Au milieu de l'âpre saison
Où l'on ferme porte et fenêtre,
Et vous regretterez, peut-être,
Le silence de la prison.

Ils sont froids les monts des Ruthénes,
Et rudes pour un nouveau né...,
Nouvel Orphée, à nos vieux chênes
J'ai quelquefois conté mes peines,
Mais aucun ne s'est incliné.

Tu fis bien de rester en Thrace
Chantre des rives du Strimon,
Car ni toi, ni toute ta race
Vous ne feriez changer de place
Les vieux chênes de l'Aveyron.

Pour vous, humble fruit de mes veilles,
Je rêve un destin moins brillant ;
Allez, et pour toutes merveilles,
Ouvrez les yeux et les oreilles
De quelque lecteur bienveillant.

Saint-Geniez, 20 novembre 1876.

L'ÉGLISE.

« *Non prævalebunt.* »

SONNET.

Ce Roc majestueux qui domine la plage,
J'ai vu pour l'engloutir les abîmes ouverts.
Le flot tombe, se brise, et son courroux sauvage
Se perd en mugissant dans l'écume des mers.

Telle, en tes jours d'épreuve, au milieu de l'orage,
Sainte Eglise du Christ, tu braves les pervers ;
Tu contemples sans peur leur impuissante rage,
Quand Jésus est pour toi, que peuvent les enfers ?

Deux mille ans ont passé, Mère, sur ton empire :...

Ils ont beau mettre à mort tes enfants , — le martyre

A vaincu les lions et le fer des Césars ;

Les siècles sont poussés par le siècle qui passe,

Des méchants en un jour le souvenir s'efface...,

Et la Croix est toujours debout sur tes remparts !

Saint-Pierre, 1870.

AUX RADICAUX

—

RÉPONSE A PLUSIEURS ARTICLES DE MAUVAIS JOURNAUX
ET A UN DISCOURS DE CLUB.

I.

Ecoutez, radicaux, opprobre de la France,

Vous qui rêvez d'en faire un immense abattoir ;

Rassemblez-vous, comptez nos têtes en silence,

Mais ne profanez plus ce mot sacré : *Devoir*.

II.

Allez, vous prêchez mal, votre geste est farouche...,

Vous êtes altérés et vous voulez du sang.

Les *saintes lois de Dieu* jurent dans votre bouche ;

Vous êtes assassins ; — restez à votre rang.

III.

Vous parlez de *Respect*, vous, les hommes sinistres
Dont l'histoire écrira les noms avec horreur !
Satan est votre dieu, vous êtes ses ministres,
Votre religion s'appelle : *La Terreur*.

IV.

Robespierre, Danton, Marat, voilà vos maîtres ;
Mais ils furent trop doux et vous les surpassez :
Plus d'honneur, plus de Dieu, plus d'autel, plus de
[prêtres,
Des ruines , du sang , vous seuls... et c'est assez.

V.

Lâches, vous insultez le faible sans défense,
La sœur de charité, l'apôtre et le martyr ;
Vous insultez nos rois, vous insultez la France,
Vos cœurs prostitués ne savent que haïr.

VI.

Haïr, tuer..., voilà la fièvre qui vous ronge :
A l'œuvre, c'est votre heure, allons, sus aux dévots !
Vous êtes les plus forts, vous avez le mensonge
Et le nombre infini des pervers et des sots.

VII.

Quand le spectre hideux de l'infâme Commune
Vous dit : « Brûlez, pillez, massacrez, mes enfants;
» A ce prix les honneurs, les plaisirs, la fortune ! »
— Que de braves, alors, on compte dans vos rangs !

VIII.

Mais quand le fier Saxon traversait nos frontières,
Quand la France pleurait sous son voile de deuil :
A Sedan, à Paris, à Strasbourg, à Ferrières,
A Tours....., que faisiez-vous pour la France ? — Un
[cercueil !

IX.

Tous les jours dans vos clubs vous réformez le monde,

Mais qu'on vous laisse faire, et la Société,

Le front dans la poussière et dans la tourbe immonde,

Pourra dire en mourant : Vive la Liberté !

X.

« Liberté ! dites-vous, « Fraternité ! » — Perfides !

Si l'on vous connaissait, ô fils des Montagnards !

Les mains que vous tendez sont des mains fratricides,

Et sous votre manteau vous cachez des poignards.

XI.

» Que tout meure, venez, dansons sur des ruines,

» Enivrons-nous de sang et bravons les destins ;

» Buvons, amis, le vin a des vertus divines, —

» Honneur à l'échafaud et vive les festins ! »

XII.

Telle est votre devise, — et la foule imbécile
Qui ne sait où vous fuir, court sous votre drapeau ;
Tapi dans quelque fange, ainsi l'affreux reptile
Epouvante, fascine... et dévore l'oiseau.

XIII.

Ne triomphez pas trop si Dieu vous laisse faire
Car il est éternel..., et vous mourrez un jour ;
Nous savons qu'Il réserve à chacun son salaire,
Qu'Il règne, qu'Il est juste, et qu'Il aura son tour.

Saint-Geniez, 1876.

LA MAUVAISE HUMEUR D'UN MALADE

Accablé d'ans et de peines,
Gisant dans un vieux fauteuil,
Grégoire était le recueil
Des infirmités humaines.

De remèdes dégoûté,
Un jour le pauvre malade,
S'en prit à la Faculté
Et commit cette boutade :

—

« L'enfer dans ses noirs desseins

Dota de vingt médecins

Notre malheureuse ville ;

Et depuis, la toux, la bile,

La goutte, les fluxions,

Les fausses digestions,

La gale, la variole,

La pituite, la rougeole,

Le typhus, le choléra,

Tous les maux, et *cœtera*,

Secondent la médecine

Pour causer notre ruine.

Messieurs ne trouvez-vous pas

Que nous courons au trépas

Avec assez de vitesse ?

Et faut-il que votre espèce

Poursuive nos tristes jours

Pour en abréger le cours !

Laissez agir la nature,

Messieurs, l'on vous en conjure,

Et la pauvre humanité
Mourir sans la Faculté ! —
Les carpes dans les rivières,
Les renards dans leurs tanières,
Les lions dans les déserts
Et les corbeaux dans les airs,
N'ont point dans leur République
De docteurs, — et l'on s'explique
Que ces heureux animaux
Soient exempts de tant de maux.
Mais quoi ! tout ce qui respire
Est soumis à votre empire !
Je connais des médecins
Qui, de leurs plombs assassins,
Remplacent auprès des lièvres
Les catarrhes et les fièvres !
Je plains bien votre destin,
Pauvres bêtes ! mais enfin,
Vous avez au moins la chance
De mourir sans ordonnance.
Plus heureux que les humains,
Quand vous tombez en leurs mains

Vous avez cessé d'entendre.

Ah ! si vous pouviez comprendre

Tout ce qu'ils nous font subir

Avant le dernier soupir !

Au mourant qui se désole

Ils citent toute l'école

D'Hippocrate et Gallien ;

C'est du grec, c'est du latin :

Un jargon à mettre en fuite

Le diable et toute sa suite !

Ainsi se fait le départ

Selon les règles de l'art !

—

Puissé-je, funeste engeance,

Vous livrer à la vengeance

Du genre humain tout entier !

Maudit soit votre métier !...

Je ne vivrai que pour dire

Qu'un docteur est un vampire

Qui suce l'or et le sang

Des malades de tout rang. —

Hélas ! en vain je proteste,

Il faut subir cette peste

Comme le phylloxera.

Toujours il en restera,

Car le Ciel, en sa colère,

Les supporte sur la terre

Pour nous faire souvenir

Que ce monde doit finir. »

—

Ainsi dans son humeur noire

Raisonnait maître Grégoire ;

Ce que j'en ai rapporté

N'est que pour faire comprendre

Comment on peut se méprendre

Sur la docte Faculté.

A MA PETITE NIÈCE

SUR SA PREMIÈRE COMMUNION.

I.

Enfants, au grand festin vos places étaient prêtes,
Le temple, orné de fleurs, brillait de mille feux ;
L'autel était paré comme aux plus belles fêtes,
Les plis des voiles blancs ondoyaient sur vos têtes,
Et le bonheur du Ciel rayonnait dans vos yeux.

II.

Je te vis de bien loin dans l'enceinte bénie,

Ange dont le front pur respire la candeur ;

Oh ! que tu m'apparus heureuse, ô Virginie ?

Que ta voix était douce et pleine d'harmonie

Quand tu dis : « Mon Jésus, venez, voici mon cœur. »

III.

Enfin l'appel suprême à toi s'est fait entendre,

Le prêtre dans ses mains tient le ciboire d'or...

O prodige, ô transports que ma voix ne peut rendre !

Dans ton cœur palpitant un Dieu vient de descendre

Et ton âme enivrée habite le Thabor !

IV.

Que te dit-il, alors, et que lui dit ton âme ?

Ce que dit la rosée aux premiers feux du jour,

Ce que dit l'onde à l'onde et la flamme à la flamme,

Le zéphir à la fleur et l'abeille au dictame,

L'épouse à son époux et l'amour à l'amour !

V.

Puisses-tu, chère enfant, de cette douce étreinte
Jusqu'à ton dernier jour garder le souvenir !
Puisses-tu, reposoir de la Victime sainte,
Marcher vers l'inconnu sans faiblesse et sans crainte
Jusqu'au terme qui doit pour toujours nous unir.

Saint-Geniez, juillet 1875.

LES GLOIRES DE SAINT JOSEPH

Pour la fête du 19 mars

AU PENSIONNAT SAINT-JOSEPH

—

(Paroles mises en musique par le Frère JULIUS)

Entendez-vous ? Sur la lyre éternelle
Un chant nouveau retentit dans les Cieux.
Sion célèbre une Gloire immortelle,
Mêlons nos voix aux chœurs des Bienheureux.
Gloire à Joseph ! — C'est le transport d'ivresse,
Le doux refrain des Séraphins ravis.
Gloire à Joseph ! — Ce nom plein de tendresse
Fait tressaillir les célestes parvis !

I.

Il fut le chaste époux de la Vierge féconde
Et du Verbe fait chair prépara le berceau ;
Il reçut dans ses bras le Rédempteur du monde
Et le Ciel s'inclina vers ce trône nouveau.

II.

Prophète, il a sondé l'ineffable mystère
Qui devait rendre à Dieu l'homme deshérité.
Et prêtre, — devançant le grand jour du Calvaire,
Il offrit la victime à son Père irrité.

III.

Du pouvoir de Dieu même il fut dépositaire,
A ses moindres désirs l'Eternel fut soumis ;
Et Jésus grandissait et lui disait : « Mon père ! »
Et le cœur de Joseph lui répondait : « Mon fils ! »

IV.

L'Arbitre souverain de toute la nature,
Qui console la veuve et nourrit l'orphelin,
Qui parsème les champs de fleurs et de verdure...,
De la main de Joseph reçoit un peu de pain !

V.

PRIÈRE.

Ô Joseph, en ce jour où ta blanche couronne
Brille autour de ton front d'un éclat tout nouveau,
Abaisse ton regard des splendeurs de ton trône,
Vois les agneaux chéris de ce petit troupeau.

VI.

Tu veillas, tendre époux, sur la Famille sainte,
Tu fus de ton Sauveur le guide et le soutien ;
Ainsi veille sur nous, veille sur cette enceinte
Et fais que notre cœur soit pur comme le tien.

Séminaire de Rodez, 1867.

LA PAUVRE MORTE

—

ÉLÉGIE

———◦◦◦———

Déjà sa lèvre rose a perdu sa fraîcheur,
Sa défaillante main soutient son front qui penche ;
Telle on voit dans les prés, sous l'acier du faucheur
Tomber et se flétrir, la marguerite blanche.
. . . .
. . . .
On entend à Ceyras le zéphir dans les bois,
Et sous les chênes noirs le ruisseau qui murmure ;
Mais, de la jeune fille on n'entend plus la voix,
Elle dort sous la pierre aux bords de l'onde pure.

Pauvre mère ! pleurez tous les pleurs de vos yeux
Car ce monde, pour vous, a perdu tous ses charmes,
Mais en pleurant levez votre cœur vers les Cieux...,
Votre fille est Là-Haut..., et Dieu compte vos larmes.

Vabres, 1871.

A UNE MÈRE,

Sur la mort de son unique Enfant.

Madame, la douleur, cet Océan immense,

Vous emporte trop loin sur l'aile de ses flots ;

Laissez-moi consoler votre amère souffrance,

Ah ! laissez-moi répondre à l'appel des sanglots !

Je sais que votre vie a perdu toute sève,

Je sais qu'avec vos pleurs votre sang a coulé ;

Je sais que votre cœur est transpercé d'un glaive

Quand vous contemplez vide..... un berceau désolé.

3

Mais puisqu'en ce moment de deuil et de ténèbres
Le monde va sombrer contre un suprême écueil,
Puisque le jour pâlit sous les ombres funèbres,
O mère, pourquoi donc pleurer sur un cercueil ?

Pourquoi tant regretter l'existence fragile
Qu'empoisonne à toute heure un sol deshérité ? —
Le parfum a brisé l'enveloppe d'argile,
L'âme a repris son vol vers l'immortalité.

Quand l'enfant souriait sous son rideau de gaze,
Sans doute il entendait la voix d'un séraphin
Qui lui disait tout bas : « Dans l'éternelle extase,
« Frère, viens avec moi chanter l'hymne sans fin ! »

Et prenant son essor loin de nos tristes fanges,
Plus pur que le cristal, plus beau que l'arc-en-ciel,
Votre ange est remonté vers le séjour des anges ; —
Mère, ne pleurez plus, votre fils est au Ciel.

Saint-Geniez, 1874.

POUR UNE FÊTE

—◦❉◦—

Parmi les jours heureux que le Ciel nous accorde
Il en est un, cher père, où notre âme déborde
Comme un vase trop plein, de joie et de bonheur ;
C'est le jour dont la fête en ce lieu nous rassemble,
Le jour où nous pouvons accourir tous ensemble
Vous parler librement le langage du cœur !

Ce langage si doux, si délicat, si tendre,
Il faudrait, cher pasteur, pour vous le faire entendre,
Le secret d'enfanter des vers harmonieux ;
Mais les nôtres étant dépourvus d'élégance,
Que du moins les accents de la reconnaissance
Trouvent auprès d'un père un accueil gracieux.

En ce jour, ô grand saint, où ta riche couronne,
Dans les sacrés parvis resplendit et rayonne,
Comme l'astre brillant qui mesure le jour ;
En ce jour où ton nom, sur la lyre des anges
Retentit dans le Ciel en concerts de louanges...,
Daigne écouter les vœux formés par notre amour.

Tout engendre, ici-bas, les pleurs et l'amertume ;
S'il est un jour d'azur, il en est cent de brume,
Où l'homme fatigué s'affaisse sous le poids : —
Si la vie a des fleurs, les fleurs ont leurs épines...
Un Dieu même a souffert ses souffrances divines, —
Triomphant aujourd'hui, demain sur une croix !

Mais si, même en ce monde, ô protecteur auguste,
Pour le récompenser Dieu discerne le juste,
Si la manne succède au pain de la douleur ;
Si, loin de la patrie, aux nobles cœurs si chère,
Il est quelque bonheur sur la terre étrangère,
Daigne tout obtenir pour notre cher pasteur.

Par sa tendre vertu, c'est toi qu'il nous rappelle ;

Rien ne lasse son cœur, rien n'arrête son zèle,

Partout il fait régner l'innocence et la paix.

Il sème dans nos cœurs la divine parole,

Il soutient, il dirige, il instruit, il console...;

Oh ! daigne donc, pour nous, payer tant de bienfaits !

La coupe de la vie est riante et parée,

Mais sous les faux-brillants dont elle est entourée,

Elle cache pour tous un breuvage de fiel ;

Adoucis-en pour lui l'absinthe trop amère,

Et que longtemps encore avant l'heûre dernière,

Sa lèvre, chaque jour, y puise un peu de miel.

Eloigne de son front les horreurs de l'orage ;

Que ses jours soient sereins, qu'ils soient tous sans
                                              [nuage,
Que son dernier soleil soit pour lui le plus beau.

Ét toi saint Protecteur, dont l'aile l'environne,

Au terme de l'exil donne lui pour couronne

Tous les membres chéris de ce nombreux troupeau !

LA PETITE COUSINE

Petite Madeleine,
Quand maman te ramène
Parmi nous, tous les ans,
Tu viens fraîche et légère
Comme la primevère
Au retour du printemps.

Quand tu vas, ma petite,
Cueillir la marguerite,
La rose aux doux parfums ;
Tu cours, vive et folâtre,
Et sur ton cou d'albâtre
Flottent tes cheveux bruns.

Et puis tu cours encore...,

Et ton front se colore,

Et ton œil est ardent...,

C'est la perle qui brille,

L'étoile qui scintille

Dans le bleu firmament.

Mais la beauté s'efface,

C'est un rayon qui passe

Et s'éteint sans retour ;

C'est la fleur purpurine

Que ta main enfantine

Ne caresse qu'un jour.

Pour toi, chère mignonne,

Des charmes que Dieu donne

Lequel préfères-tu ?

— « Je veux être bien sage,

» Et, grandissant en âge,

» Grandir dans la vertu. »

1876.

Aux Électeurs de l'honorable N....

(AIR : *Au clair de la Lune.*)

I.

Ecoutez l'histoire
Du grand député,
L'honneur et la gloire
De votre cité.
Il faut qu'on le nomme,
Ce fier citoyen,
De Paris à Rome,
De Rome à Pékin.

II.

Des langues maudites
Osent demander,
Où sont les mérites
Qui l'ont fait monter : —
Cœurs pleins de malice !...
Vous demande-t-on
Par quel artifice
S'élève un ballon ?...

III.

Pour moi qui t'estime
Comme tous les tiens,
Homme magnanime
Dis-moi tes moyens.
Montre-moi la route
Qui mène aux honneurs.
Parle, je t'écoute,
A tes électeurs.

IV.

La veille du vote,

L'air triste et soumis,

D'une voix dévote

Il dit : « Mes amis,

» Humble par nature

» J'avais le désir,

» Dans la voie obscure,

» De vivre et mourir.

V.

» Mais Dieu me commande

» D'aller au combat,

» Et je vous demande

» L'honneur du mandat ;

» Par la République !

» Je suis désormais

» Votre domestique.....

» ..... Si vous me nommez ! »

VI.

En ces jours d'orage,
Qu'il fait beau le voir
Ce grand personnage !...
Du matin au soir
Son zèle l'emporte,
Il vole en tout lieu ;
Ouvrez-lui la porte
Pour l'amour de Dieu !

VII.

Brisé de fatigue,
Voyez-le courir,
Après ce prodigue
Qu'il veut convertir ;
Il va faire un ange
De ce libertin,
Rien que par l'échange
De son bulletin !

VIII.

Père secourable
Pour tous ses enfants,
Il boit à la table
Des gueux et des grands :
Il vide son verre,
(Quel bon député !)
Pour que tout prospère
Dans votre cité !

IX.

Il expose ensuite
Au peuple ravi,
Son plan de conduite
(Qu'il a bien suivi !)
« Je suis exemplaire,
Dit-il humblement,
» Pour ne pas déplaire
» Au gouvernement. »

X.

Il blâme l'audace
De tout citoyen,
Qui peut dire en face :
« Ceci n'est pas bien. »
Lui toujours honnête,
Devant le pouvoir,
En courbant la tête
Brandit l'encensoir.

XI.

Un jour à Versailles,
(Je ne sais pourquoi)
Ses nobles entrailles
Demandaient le Roi.
Le soir son front pâle
Fut illuminé ;
Chez le duc d'Aumale
Il avait dîné !

XII.

Ce grand politique
Se montre aujourd'hui
De la République,
Le fidèle appui ;
Mais si Bonaparte
Revenait demain,
Sans perdre *la carte*,
Il dirait : « Amen ! »

XIII.

Et voilà l'histoire
Du grand député,
L'honneur et la gloire
De votre cité.
Il faut qu'on le nomme,
Ce fier citoyen,
De Paris à Rome,
De Rome à Pékin !

1871.

CONTRE DES INSULTEURS ANONYMES

Pourquoi donc, fiers anonymes,

A la griffe de vautour,

N'osez-vous signer vos rimes

Et vous montrer au grand jour ?

Votre fureur imbécile,

Vils avortons de Zoïle,

Aurait-elle bien compris

Que cet immonde langage

Vous marquerait au visage

Des stigmates du mépris ?

4

Que leur muse obscure et basse

Rampe comme un limaçon...,

Qu'elle laisse sur sa trace

Tout son fiel, tout son poison.

— Cette rage, cette haine,

Cette poésie obscène

Découle d'un cœur malsain ; —

Il faut qu'un reptile morde...,

Et que la fange déborde

Quand le bourbier est trop plein.

Saint-Pierre, 1870.

LISEZ DES ROMANS!

Un châtelain, resté veuf jeune encor,
Avec sa fille, unique et doux trésor,
Vivait heureux au fond d'une province.
Il n'avait pas la fortune d'un prince,
Mais Marguerite, objet d'un tendre amour,
N'enviait pas les plaisirs de la cour.
Elle joignait aux fleurs de son visage
Grâce et vertu, — ces charmes de tout âge ; —
Bonté, douceur et modeste savoir,
Elle avait tout, si l'on peut tout avoir.

Non loin de là demeurait la famille
Du baron d'Ars. — Laure (c'était sa fille),
Tenait du Ciel et des plus tendres soins
Mêmes attraits..., et la vertu de moins.
Elle savait, — désolante habitude ! —
Par les romans charmer sa solitude.

Soyez maudits, ouvrages de ce nom,
Poison mortel qu'inventa le démon.
Et vous auteurs de ces écrits infâmes,
Vous dont la plume est le poignard des âmes,
Puisse le Ciel, en son juste courroux,
Vous réserver un sort digne de vous ! —

—

On ne lit pas sans cesse, et l'on devine
Que Laure un jour alla voir sa voisine.
Elle la vit, admira sa douceur,
Elle l'aima bientôt comme une sœur ;

Et Marguerite, hélas ! au cœur si tendre,

Contre le cœur ne sut pas se défendre.

Funeste accord ! — A son amie, un soir,

Laure exposait sa manière de voir

Sur les moyens d'égayer l'existence.

« Tu ne vis pas, dit-elle, et l'on commence

A te trouver bien naïve, à vingt ans,

D'être venue enterrer ton printemps

En ce séjour. — Tout le monde s'étonne'

Que cette vie obscure et monotone

Puisse suffire à combler tes désirs.

Mais, entre nous, je crois que les plaisirs

Te souriraient aussi bien qu'à tant d'autres,

Et que tes goûts, enfin, seraient les nôtres,

Si ton vieux père, honnête homme assommant,

Ne te sevrait de tout amusement.

Il n'admet pas de plaisirs légitimes,

Partout il voit des horreurs et des crimes.

Te souviens-tu, quand je vins l'autre jour

T'offrir un livre où l'on parlait d'amour ?

« Tu ne pouvais, dit-il, le lire encore ;

» Lys embaumé qui ne viens que d'éclore,

» Ce souffle impur aurait pu te flétrir ! »

Bref il fallut enfin m'en revenir

Avec mon livre. — Et c'est ainsi, ma chère,

Que tu deviens l'esclave de ton père,

Et qu'on te fait un absurde devoir

De ne rien lire et de ne rien savoir.

Si d'un roman l'attachante lecture,

Si d'un héros quelque noble aventure,

D'un cœur épris si les tendres soupirs

Ne viennent pas égayer nos loisirs,

Autant vaudrait, chez les Visitandines,

Prendre le voile et réciter matines !

Je plains ton sort, mais je te parle en vain,

Car tu dépends d'un pouvoir souverain.

Permettra-t-on qu'à l'automne prochaine,

Pour voir Paris, avec moi je t'emmène !

On permettra si tu dis : Je le veux !

C'est convenu : Nous allons toutes deux

Voir les splendeurs de notre capitale

Où l'on s'amuse, où la beauté s'étale,

Où l'on est vue et remarquée au bal,

Où l'on entend, au galop d'un cheval,

Une voix dire, à Boulogne ou Vincennes :

« Je vous adore et je suis dans vos chaînes ! » —

« Je sens déjà ton bonheur et le mien ! » —

Laure finit ce perfide entretien

En embrassant la pauvre Marguerite,

Qui d'abord triste et puis toute interdite

Voulait se plaindre et ne savait comment...

Elle répond, pour tout raisonnement,

Qu'elle est heureuse, et qu'elle aime son père.

—

Le cœur humain est un profond mystère,

Je le répète après bien des auteurs.

Mais sans vouloir monter sur les hauteurs

D'où ces messieurs contemplent cet abîme,

Je me rappelle une vieille maxime

(On pense bien que je n'invente pas)

Et je la veux appliquer à mon cas :

« On prend les goûts des personnes qu'on aime.
J'oserais presque ajouter de moi-même
Qu'entre deux cœurs amis, — le plus souvent
Le mal triomphe et la vertu se rend.
On le verra par la fin de ce conte.

Que Marguerite ait senti quelque honte
D'avoir souffert qu'on lui parlât ainsi,
On le suppose, et je le pense aussi,
Car elle aimait son père avec tendresse.
Mais du plaisir la coupe enchanteresse
Que l'amitié présente avec tant d'art
S'offre sans cesse, hélas ! à son regard.
Des voluptés, la foule souriante
Tantôt l'attire et tantôt l'épouvante.
Elle voudrait, elle ne voudrait pas...
Le Tentateur lui demande tout bas
Si l'on se doit enfermer à son âge ?
Si le foyer doit être un ermitage ?
S'il faut toujours mortifier les sens,
Et s'il n'est pas de plaisirs innocents ?

Pour apaiser le trouble qui l'agite

La pauvre enfant s'en va faire visite

A son amie ; — aveuglement fatal ! —

On parle encor de romans et de bal,

Et de conquête, et du bois de Boulogne...;

Laure comprend qu'elle avance en besogne,

Elle conjure... Elle obtient, à la fin,

Qu'on lise ensemble un roman de Craven. —

Lire Craven ! dira-t-on, est-ce un crime ? —

— Qu'on me permette encore une maxime

Pour mieux répondre à cette objection :

Sur le terrain de la discrétion

Si l'on arrive à certaine limite,

On la dépasse et l'on descend bien vite

Jusques au fond des abîmes du cœur.

Quand on a lu le *Récit d'une sœur*

On veut connaître *Eveline* et *Fleurange,*

Puis de *Corinne* à la *Chute d'un ange*

(On voit parfois du sens aux calembours)

Ce n'est qu'un pas... On le franchit toujours.

J'en donne avis aux mères de famille ;

Puisse le sort de notre jeune fille

En les touchant leur servir de leçon !

Je ne dirai ni de quelle façon

Elle parvint à cacher à son père

Tous ses romans ; ni de quelle manière

Elle se fit donner consentement

Pour suivre Laure à Paris ; — ni comment

Elle vécut dans cette Babylone.

. . . .

La jeune fille, hélas ! qui s'abandonne

Au tourbillon d'un monde éblouissant,

Où l'arrêter sur ce terrain glissant ?

Quand dans la coupe on a trempé sa lèvre,

La soif augmente et devient une fièvre :

Il faut finir l'enivrante liqueur,

C'est un besoin, c'est une loi du cœur.

Longtemps, sans doute, on a peur, on résiste...

Mais on est faible..., et le courant persiste.....

Puis l'on se prend dans des liens plus forts

Que toute crainte et que tous les remords :

Arrive enfin l'occasion funeste...,
Le cœur est pris... On devine le reste.

. . . .

. . . .

—

Quand on frissonne en rentrant le matin,
Quand on ne sent ni plaisir ni chagrin,
Quand on n'a plus ni larmes ni sourire...
On a vidé la coupe du délire.
Qu'importe, alors, de vivre ou de mourir ?
C'est bien toujours la mort. — Pour en finir,
On m'a conté qu'un vieillard à l'air sombre,
Va, tous les soirs, s'agenouiller dans l'ombre
Et qu'on l'entend pleurer sur un tombeau. —
Ce dénoûment, hélas ! n'est pas nouveau !

Que si quelqu'un me demandait encore
Ce que j'ai su sur le compte de Laure :
Elle a trouvé, — mais c'est tout son avoir, —
Le déshonneur avec le désespoir !

Saint-Geniez, 1876.

LES GRANDS POLITIQUES

———⸺⚬⚬⚬⸺———

Après Montaigne et Labruyère,
Après Lafontaine et Molière
Et tant d'autres profonds railleurs,
Si le dernier des rimailleurs,
Novice dans l'art de médire
Se permet un trait de satire,
Qu'en dira-t-on ? — Ce qu'on voudra. —
Quelqu'un, peut-être, comprendra
Qu'il ne faut mépriser personne
Et qu'un moucheron qui bourdonne

Peut vaincre avec son aiguillon

L'âne, le bœuf et le lion.

Mais ce n'est pas de cette espèce

Que je me plains, et je m'adresse

A gens plus dignes de mépris. —

Connaissez-vous certains esprits

Qui veulent être quelque chose

Et n'ayant qu'une faible dose

D'intelligence et de savoir

S'escriment du matin au soir,

Véritables chasseurs de race,

A la poursuite d'une place ?...

Patelin-Servant-de Rempli,

En est le modèle accompli.

Qui ne connaît cet homme énorme ?...

Il a su faire en bonne forme

La cour aux forts de son canton.

Grandpelet, son premier patron,

Toujours fidèle au vieux régime,

Le voit monter de cime en cime

Et l'appelle : cuistre vendu ;

Mais Patelin gros et repu

Poursuit toujours sa politique.

Il servira la République

Avec un entier dévoûment

Jusqu'au prochain gouvernement.

Il dit que Thiers est un grand homme

Et qu'il l'admire, mais qu'en somme

Il est ravi de Mac-Mahon.

Parlez-lui de Napoléon,

Il dit : « J'ai soutenu l'Empire

« Faute de mieux, crainte de pire, »

— Et quand l'Empire reviendra ?...

— « J'espère qu'il s'en souviendra. »

— Que pensez-vous du roi ? — « Je pense...

... Qu'il faut ici de la prudence... »

— Mais si le comte de Chambord

Un jour se trouvant le plus fort,

Venait reprendre sa couronne ?.....

— « Je serais l'appui de son trône,

» Car le bien de la nation

« Prime toute autre question. »

— Et si Naquet et ses compères

Arrivent un jour aux affaires ?...

— « On verra, — mais chacun sait bien

» Que je fus toujours le soutien

» Des grands intérêts qu'ils défendent.

» Quand les réformes qu'ils demandent

» S'imposeront à mon pays,

» Je saurai montrer qui je suis. »

— Mais si nous avons la commune ?...

— « L'hypothèse est inopportune...,

» Les Français sont bons citoyens. —

» Et puis, n'est-il point de moyens

» De s'entendre avec tout le monde ?

» La France en ressources féconde

» Peut assouvir les appétits

» De ses enfants *grands* et *petits.*

Telle est la ferme politique

De ce grand homme, et l'on s'explique

Qu'il soit au faîte des honneurs.

Or, il a des imitateurs

Nombreux et dans toutes les classes.

Les pourvoyeurs de bonnes places

Sont adorés des Patelins.

Riches présents et beaux festins

Propos flatteurs, grandes promesses,

Sans parler de mille bassesses

Rien ne vous coûte, vils cafards

Que j'aperçois de toutes parts.

Pour dissimuler vos manœuvres

Vous rampez comme des couleuvres ;

Vous connaissez mille détours :

Vous savez, en trompant toujours,

Vous donner des airs de franchise.

Comment se fait-il que l'on dise

Que vous êtes un homme droit,

Rampagnard ? — Vous n'êtes qu'adroit

A couvrir d'un masque hypocrite

Les noirceurs de votre conduite.

Flatteur de tous, à tout propos,

Plus souple encor que votre dos,

Votre esprit en ruses abonde

Pour ne pas déplaire au *grand monde*,

Et grâce à maint expédieut,

Vous êtes un homme important.

J'en aurais bien long à vous dire...

Mais il est dangereux d'écrire,

Quand on est faible et sans appui,

Contre les fourbes d'aujourd'hui.

Malheur à celui qui vous gêne !

Votre dépit et votre haine

Observent chacun de ses pas :

Quoiqu'il fasse ou ne fasse pas,

Sa conduite vous scandalise

Et votre ignoble cafardise,

D'un air dévot et contristé,

Le dénonce à l'autorité.

Votre espèce rampante et vile

Régit la campagne et la ville,

Et vous faites tomber souvent

Sur la tête de l'imprudent

Qui vous a déclaré la guerre

Les foudres des dieux de la terre.

Contre les forts point de recours :
« *Cela fut et sera toujours.* »

Il n'est que temps d'y prendre garde,
Silence donc, Muse bavarde :
Le plus grand de tous les travers
Est celui de faire des vers.
Voudrais-tu réformer les hommes ?...
Ils ont été ce que nous sommes,
Nous sommes ce qu'ils ont été...,
Rien ne change l'humanité.

Les fâcheux et les parasites,
Les pédants et les hypocrites,
Les sots, les jaloux, les menteurs,
Les avocats et les plaideurs,
Les orgueilleux et les avares
Ne sont pas aujourd'hui plus rares
Qu'au temps d'Horace, — et l'on voit bien
Que les siècles n'y feront rien.

Saint-Geniez, 1876.

L'ANGE EXILÉ

OU L'AGE D'INNOCENCE

———✦———

I.

Quand je te vois, Marie,
Courir dans la prairie
Les mains pleines de fleurs,
Je dis : Son âme est belle
Comme la fleur nouvelle
Aux plus riches couleurs.

II.

Quand dans la verte branche,
Ta petite main blanche
Caresse un doux berceau ,
En te voyant je pense :
Elle a plus d'innocence
Que le petit oiseau.

III.

Lorsque près du rivage ,
A l'ombre du feuillage
Ange, tu vas t'asseoir,
Tu me parais plus pure
Que l'onde qui murmure
Sous le grand chêne noir.

IV.

Le soir près de ta mère

Quand tu dis ta prière,

Mille blonds chérubins

Se penchent pour t'entendre....,

Car ta voix fraîche et tendre

A des accents divins.

V.

Vague comme un doux rêve

Quand ton regard s'élève

Vers le ciel étoilé, —

Au delà de l'espace,

Distingues-tu ta place

O bel ange exilé ?

VI.

Venez des hautes sphères,

Venez, anges, ses frères,

La voir, la consoler ;

Mais faites-lui comprendre

Qu'il faut longtemps attendre

Avant de s'envoler.

1876.

LE MAITRE D'ÉTUDE

ET LE MISSIONNAIRE

Guillot, grand-maître de silence,
Eut à subir, un beau matin,
Un sermon sur la pénitence,
Du jeune père Bernardin.

De la morale évangélique
Guillot faisait un très grand cas ;
Il la mettait même en pratique,
(Mes lecteurs n'en douteront pas).

Mais le bonhomme aimait à rire,
Et raillant le beau sermoneur,
Il répandit sa belle humeur
Dans la boutade qu'on va lire.

Si quelqu'un me blâme trop fort
De reproduire un tel langage,
Je confesserai que j'ai tort :
Peut-on exiger davantage ?

Je crois cependant qu'entre amis,
Badiner doit être permis.
Et puis, comme l'a dit Horace,
« Pour un citoyen du Parnasse,
» Il ne faut pas tant de façons. »
Ainsi soit-il, et commençons.

—

« Moi Bertrand de la Guillotière,
Je trouve, mon révérend Père,

Que l'excès de votre ferveur

Vous égare. — Point de bonheur

En dehors de la pénitence ???...

C'est une erreur. — L'expérience

M'a démontré fort clairement

Que l'on s'abuse étrangement

En se mortifiant sans cesse. —

Pensez-vous donc que la sagesse

Consiste à vivre dans l'abstrait ?...

Détrompez-vous. — L'homme parfait

Est celui qui donne à son âme

Tous les bons soins qu'elle réclame,

Mais qui fait les plus grands efforts

Pour ne pas négliger son corps.

A l'âme les saintes prières,

Les pleurs, les craintes salutaires,

Les transports de la charité

Et l'espoir de l'éternité.

Certes, la portion est belle !

Mettons, au moins, tout notre zèle

Pour que le corps ne perde rien

Du maigre lot qui lui revient.

A lui tous les biens de la terre :

A lui le Bordeaux, le Madère,

Le Champagne, tous les bons vins.

A lui l'ivresse des festins

Avec digestion facile ;

A lui, s'il souffre de la bile

Ou si les conduits sont rétifs,

Les calmants ou les purgatifs !...

Tous ces plaisirs avec bien d'autres

Que n'ont point connus les Apôtres,

Les martyrs ni les confesseurs,

Sont destinés aux professeurs

Et surtout aux maîtres d'étude.

Il leur faut la sainte habitude

De s'enivrer matin et soir ;

C'est un besoin, c'est un devoir :

A moins de vider la chopine,

Vous ruineriez la discipline.

Quoi ! passer la moitié des jours

A guetter comme des vautours

S'il échappe qnelque parole

A cette enfance si frivole,

Pour punir sa fragilité

D'un châtiment immérité !...

Cette vie atroce et cruelle

Comment se supporterait-elle,

A moins d'étouffer les remords

Sous les toniques les plus forts ?...

Mais quand Bacchus au cœur fermente,

Oh ! c'est alors qu'on les tourmente

Ces pauvres petits innocents,

Et qu'on les mène en vrais tyrans !

La plus légère peccadille,

Un mot, un geste, une vétille

Argus ne les supporte point.

Se dressant dans son embonpoint,

(Car un argus engraisse vite),

Il ouvre tout grand son orbite

Et sur l'enfant pâle et tremblant
Lance un regard terrifiant.

« Mon ami, dit-il, votre faute
» Est d'une importance très haute :
» C'est un cas bien grave... Oh ! vraiment,
» C'est un étrange égarement !...
» Un délit très considérable...,
» Une conduite épouvantable !!...
» J'espère que dorénavant,
» Vous serez sage, mon enfant,
» Et je veux user d'indulgence...
» Pour votre sainte pénitence,
» Vous irez, une heure, ce soir,
» Vous mettre à genoux au dortoir ;
» Des arrêts... je n'en donne guères...,
» Trois récréations entières
» Suffiront pour cette fois-ci.
» Des vers... vous m'en ferez aussi :
» Je me contenterai de mille,
» Au choix d'Homère ou de Virgile... ;

» Puis, demandez-moi bien pardon...

» Et c'est tout. — Mais je suis trop bon !!! »

Voilà bien parler, je l'espère !

J'en conclus, mon Révérend Père,

Qu'il faut être un vrai templier

Pour réussir dans mon métier.

Vous n'en doutez plus, je le pense,

Et vous voyez la différence

De votre état avec le mien.

Si je puis être un bon chrétien

Et même acquérir du mérite

En vivant comme un sybarite,

C'est qu'il faut être un scélérat

Pour exceller dans mon état.

Au lieu, Père, que dans le vôtre

Il faut les vertus d'un apôtre :

Être confit dans l'oraison

Et jeûner en toute saison.

Hélas ! votre *partie infime*

Doit suivre quelque doux régime,

Car on prétend qu'à vos discours

Quelque chose arrête le cours

Des larmes qu'on voudrait répandre.

Je ne sais..., mais j'ai cru comprendre

(Ne vous fâchez pas s'il vous plait)

Qu'on vous trouve un peu trop replet ;

La panse, hélas ! un peu trop ronde

Et la face trop rubiconde.

On dit, assez pertinemment,

Que vous prêchez divinement,

Mais qu'avant de monter en chaire

Vous cultivez la bonne chère ! —

Daigne votre paternité

Pardonner ma témérité,

Et soutenir par l'abstinence

Les foudres de son éloquence !...

Ainsi, Père, c'est entendu,

A chacun ce qui nous est dû :

Et puis nous parviendrons ensemble

Au Paradis. — Que vous en semble ???

1870.

SUR LA NAISSANCE

De Béatrix de R*** et du B***

I.

D'une tige chère à la France
Un lys éclatant de blancheur
Vient d'éclore. — Que d'espérance
    Dans une fleur !

II.

Tout rayonnants de poésie,
Les anges formèrent un jour,
Dans le dictame et l'ambroisie,
    Son nom d'amour.

III.

C'est le nom qui ravit le Dante,

Lorsque dans ses divins écrits,

Le grand poëte invoque et chante

    Sa Béatrix.

IV.

Grandis, petite fleur nouvelle,

Sous le souffle d'un doux zéphir,

Grandis toujours pure et sois belle

    Comme un saphir.

V.

Grandis et répands sur la terre,

Ange que Dieu nous a prêté,

Le double charme de ta mère,

    Grâce et bonté.

VI.

Que j'aimerais te voir sourire,
En rêvant des blonds chérubins !
Tu ferais sortir de ma lyre
    Des chants divins.

VII.

Mais parfois, mon ange, tu pleures,
Parfois après un doux sommeil,
La douleur réclame ses heures
    A ton réveil.

VIII.

Peut-être au-dessus de nos fanges,
Comme un sylphe te promenant,
Voyais-tu des choses étranges
    Tout en dormant ?

IX.

As-tu vu dans un mauvais songe

Nos frères du Rhin envahis ?

As-tu vu l'esprit du mensonge

   Sur ton pays ?

X.

As-tu vu le mal qui se dresse

Avec orgueil ? — Suprême affront,

As-tu vu la France en détresse,

   Voiler son front ?

XI.

L'as-tu vue au fond de l'abîme,

La pauvre morte de Sedan ?

. . . .

As-tu vu la noble Victime

   Du Vatican ?

XII.

Mais je te vois sourire encore :
Est-ce la fin de nos malheurs ?
Pouvons-nous saluer l'aurore
    De jours meilleurs ?

XIII.

Plein d'innocence et de mystère
Ton regard si tendre et si doux
Semble dire à ton petit frère :
    « Embrassons-nous !

XIV.

» A moi les charmes et la grâce,
» Mais l'avenir repose en toi ;
» Tu seras l'honneur de ta race
    » Et de ton Roi ! »

XV.

Enfants, sur votre beau visage
Un baiser d'amour embaumé
Répand les senteurs du rivage
Au mois de mai.

XVI.

Embrassez-vous pleins d'espérance,
Car un prince par Dieu choisi,
Un jour viendra dire à la France :
« Je suis ici ! »

Saint-Geniez, 1875.

GRIFFARD

—

A un Ami calomnié.

———

Je viens de lire, ami, la fameuse satire

Que le prude Griffard contre toi vient d'écrire ;

Cet astre éblouissant m'éblouit à l'excès.

Quels triomphes vont suivre un si noble succès ?...

Quelle verve ! Quel feu ! Le souffle qui l'inspire

A-t-il jamais produit un si parfait délire ?

Sans doute ce génie, aux sommets d'Hélicon,

Est sorti tout armé du cerveau d'Apollon ?

Mais toi, mon pauvre ami, sous son battoir terrible

Que vas-tu devenir ? — Son courroux invincible

Par ce coup imprévu te réduit à néant.

Qui pourrait dans sa course arrêter ce torrent ?...

Malheureux ! je te vois pendant à chaque rime

Te débattre un instant et rouler dans l'abîme. —

En vain trente ans d'honneur et d'un juste renom

Avaient fait estimer ta personne et ton nom ;

En vain tes actions toujours droites et pures

Osaient braver l'envie et ses lâches injures :

Griffard de son pinceau t'a barbouillé de noir.

Te voilà, de par lui « *rebelle à ton devoir,*

» *Cuistre, cagot, tartufe, infâme* »... et tout le reste

Qui pourrait en douter ? C'est Griffard qui l'atteste,

Griffard, de ta conduite arbitre souverain,

Griffard dont l'œil perçant lit dans le cœur humain

Et changeant à son gré l'âme la plus chrétienne,

En fait une âme noire... et semblable à la sienne !

Ce n'est pas tout, hélas ! le talisman fatal

Egale, en ton portrait, le physique au moral.

Griffard ne voit en toi qu'un monstre abominable.

Tu sauras, désormais, que lui seul est aimable,

Qu'il a seul droit de plaire et qu'on est odieux

A moins d'avoir son port ! son sourire !! et ses yeux !!!

1870.

MGR MERMILLOD A RODEZ

—

ODE

———

Lance tes voix aëriennes

Fier monument de nos aïeux !

Levez-vous, fils des vieux Ruthènes !

Voici que des rives lointaines

Accourt l'apôtre glorieux !

Salut ! noble et vaillant Pontife,

Tu portes comme Jésus-Christ

Le soufflet d'un nouveau Caïphe,

Immonde vautour dont la griffe

Fait saigner le cœur du proscrit.

Tu pars..., la force te l'ordonne,
Et la force croit te flétrir...
Mais sur ton front la foi rayonne
Et tu ceins la double couronne
Du confesseur et du martyr !

Entends !... Sous ces voûtes antiques,
Déjà le peuple frémissant
T'appelle par de saints cantiques. —
Exilé des bords helvétiques ;
Entre, c'est l'amour qui t'attend !

Tu parles..., nouvel Athanase,
Tes lèvres distillent le miel ;
Tu parles, ta parole embrase...
Et la foule immense en extase
Croit entendre une voix du Ciel !

I.

« Le Christ s'affirme, il veut l'hommage
» Du monde qu'il a racheté :
» Son père lui rend témoignage
» Et l'humanité, d'âge en âge,
» Proclame sa divinité

. . . .

II.

» Ici-bas l'homme a faim et pleure...
» Debout ! philanthropes savants !
» Venez voir la sombre demeure
» Où la douleur brave à toute heure
» Tous vos systèmes impuissants.

» Retirez-vous !... Sur son Calvaire
» Je vois le grand Consolateur :

» Au malheureux il dit : mon frère !

» Et son cœur a mis sur la terre

» Un baume pour toute douleur.

III.

» Dans sa divine architecture

» L'Eglise se dresse à son tour.

» Mère féconde et toujours pure

» Elle a pour toute créature

» La force, la vie et l'amour. »

—

Nous avons soif de ta parole,

O Père, pourquoi t'en aller ?...

De l'exil qui glace et désole

Tu dis que Rodez te console...

. . . .

C'est à toi de nous consoler !

. . . .

Tu pars..., et malgré la distance,

Vivant de ton doux souvenir,

Sur tes pas notre cœur s'élance...

Et nous croyons voir l'Espérance

Qui nous sourit dans l'avenir !

Saint-Geniez, le 6 janvier 1877.

ÉPIGRAMMES

—⟡—

I.

CE QU'ADMIRENT

LES VISITEURS DE GILLES-TABOURIN.

—

Des visiteurs de toute sorte

Tous les jours encombrent la porte

De Gilles-Tabourin, seigneur de Mont-Vallon.

Que d'honneur pour cette famille !

Que d'espoir pour la jeune fille !!

. . . .

Hélas ! les visiteurs admirent... un salon !!!

1869.

II.

LA CAGE ET LA PIE

—

Paquette-Grassouillet, pour qu'on aille la voir,

A fait bâtir un beau manoir. —

Mais un jour une langue impie

Disait : « J'aimerais mieux la cage que la pie ! »

1869.

PATOUÈS

(Dialecte du Ségala).

LETTRO A MOUSSU L'ABAT GRES

PROUFESSOU A BELMOUN (1)

———⚬⟨⟨⟨⟨⟩⟩⟩⟩⚬———

Semenari de Roudez, lou quinze de tzambié 1866.

—

Har-se, Moussu l'abat, me benguèt la pensado
Qu'un'houro de repâous ambe bous despensado
Remettrio moun esprit arrandut d'argumens
Et m'en balatzario toutes lous pessomens.
Lous pessomens..., hélas ! se sabias qunno troupo
De.bels ou de pitzous n'e porti sus la croupo !

(1) Cette pièce fut composée dans le but de seconder les démarches que n faisait en ce moment pour obtenir des cheminées pour les chambres des minaristes.

Me probou netz et tzoun, d'al seɐ dusqu'o'l mati,

Que lous effans d'Adam sou nascutz per pati.

Mais quan siessi renous coumo'na bieillo porto,

Ta lèou qu'alpè de bous mo pensado se porto,

Me trobi, sans menti, tzouial coumo'n pinsou

Que dins lou mes de mai estuflo so cansou. —

Coussi bous pourtas, meou ? — Per garda fresco min

Bous cal pas oublida de *moulze la cardino* (1) ;

Bous cal, de tens en tens, pren'én briat de repâous,

Sustout fa'n brabe fioc et tene lous pès câous. —

Aici fa'n tens de loup : lou buffaide Sizampo

A toutes sous effans be de duèbre la tampo

Et se buffo aide mai, dins mens d'un mes à mietz

Lous pâoures abadotz âouren prou po de quetz. —

---

(1) Ce mot fait allusion à un proverbe du Ségala ainsi conçu :

    Baco cardino (vache rousse)

    Traoucado pel l'esquino,

    Moulzudo pel froun

    Debino qu'es aco, se tu sios prou luroun ?

    (Uno barrico).

Gna pas per badina ; — n'a caoucos matinados

Que toutes, à bel tal, ôou las potos rimados.

Las mios, hurousomen (zou coumprendrez sul pic)

D'oun que bente lou ben sou toutzoun à l'abric ! —

Mais mous coumpagnounels s'agrumèlou, pecaide !

Coumo lous agnelous que n'oou pas pus de maide.

Lou nostre Bitourou qu'èro ta degourdit,

Semblara, d'aici lèou, en patanou raffit.

Qu'es aco pietadous ! Dins so cambro glassado

L'ai bist, emmaidinat d'uno loungo flassado,

Escarni, tout patrac, la bieillo Catinou

Qu'an brandien lou cap *disio toutzoun de nou*.

Pecaide ! à qui l'abès que patis et tremoro !...

Et praco sul' mietzoun Bitor a so demoro ;

Ne couneissi'n troupel pus malhurouses qu'el

Qu'habitou de bol. nor de cambros sans sourel.

La bento del Cantal que nais darrè lous pètzes

Et brountzis coumo'n tour, lous âourio toutes quetzes

Se cadu de soun nîou s'èro pas retirat.

Atobe sans faiçous ooù toutes azirat.

Dempièi, cado mati, din la salo d'un pouèlo

Aquel pargue d'abatz ensemble s'atroupèlo,

Mais gnabès lous tres quars que dempièi que li sou

Oou pas pougut en cop aprene la laiçou.

Sus aquelses bancous toutes foou pietro mino :

L'air sent al resclâoufit, lou froun s'engabourino,

Podou pas regassa, la mingrèno lous pren...,

Coussi bourès aital deboulza'n'argumen ?...

Aco fa coumpossion ; presque toutes cloussissou,

D'al mati dusqu'ol ser gna'n troupel que toussissou,

Toussis que toussiras, — lous ases d'a Mourlhou

Quan benou d'al mercat, ambe lour grangouillou,

De carretza lou latz, lou burre'ou lou froumatze,

Foou pas, Diou me perdoune, aide mai de tapatze :

Sans quitta cap de pel cadu se fa rampèou. —

. Mais enquèro n'ai pas acabat lou taplèou.

Cinq houros oou sounat, — lou tin de la campano

Nous crido de sourti lou cap de tzus la lano.

Cal quita la flassado et l'on âousis lou ben

Qu'estufflo coumo'n fol darrè lou countroben !

Lèbo-te, pâoure abat ! — Las potos repoutègou...

A la fi lou nas sort et lous brasses lou sègou,

Las cambos atobe..., l'abadot es lebat.

S'en ba dretz al pégal..., lou trobo tout tzarat...

Labo-te dins lou tzel, ou s'as pəs lou couratze,

Daisso'sta tout loutzoun la pousço pel bisatze :

Pel-buffat, engàougnat, renous, agremourit,

Per an'a'l'ouresou te souèti d'appetit !...

Baste tout sies àqui ! — Sen binto-noou ou trento

Foro de la maisou, dins un'àoutro bastento.

AI trast d'un pàoumassié ne counti dozo-noou,

Et bous daici pensa qu'une bido li foou.

Dins un biel cazarou pus destretz et pus soumbre

Gounze sou retiratz : bostre amic es del noumbre.

Pouidias ana fouina tout lou departomen

Que li troubarias pas en tal appartomen.

Y oou pas mancat lou noum : — Acoi *las Tabatieidos !*

A sièis pans del plancat de fustos trabersieidos

Se crosou de tout biais per sousta lou coubert.

Ya pas, pel las paretz, qu'un fenestrou dubert.

Per poude fa dintra lou lun tzus la teourado

En set ou guetz aidals en oubriè l'a traoucado,

Pièi amb'un coubertou de beide tout plagné

Nous a barratz àqui coumo dins un pagné.

7*

Mais quan la nèou à flars coumo'n saile de lano

S'espandis sul carrèou, enborgno la lucano,

Nous cal, en attenden que foundo tzul sourel,

Mèmes en plen mietzoun aluca lou carel. —

Lou pus bel patimen es pas dins la demoro :

Cinquanto cotz per tzoun nous cal courre deforo,

La campaneto sono'et nous demando pas

S'an trouten pel la court faren cap de fal pas.

Granisso, fa de nèou, ploou coumo'n d'une casso…

Acos-ial, pàourè abat, fai la passo-repasso,

Ambe d'esclotz as pès sul molle des nàoucous

Decoun, al nostre'oustal, foou beoure lous àoucous. —

———

Sans doute qu'al récit d'une talo magagno,

Pes pàoures abadous la coumpassiou bous gagno ?

Counsoura-bous, tiras ! enquèro'n pàou de tens

Et beiden s'acaba tantes de pessomens,

Lou boun-Dious que bourio feni nostro misèro

Dins lou noubei prefèt nous a'nbouyat en pèro.

Lou barou de Sain-Priou, tout lou mounde zou dis,

Dins lou nostre'Abaydou meno lou Paradis.

Bourrio dins mous bersous lou quilla dusqu'ol's'antzos,

Mais mo muso sap pas apimpa las louantzos.

Prou maisses, saquelà, lou bous âourou bantat :

B'oun dirai simplomen qu'est tout ple de bountat.

Talèou qu'es arribat à Paris a fat sâoure

Que dins nostro maisou toutes poudian pas clâoure...,

Et qu'à Roudez, l'hiber, tzaro gouto-penden ;

Et poudez prou pensa que lou goubernomen

Refudara pas res. — Te beiden pel la primo,

Semenari qu'aiman, creisse de cap en cimo ;

Seras poulit et bèl, — te mancara pas res

Per estre per toutzoun l'ournomen de Roudez.

Pels abatz à beni qu'un'aimaplo retrèto !

Aouroou pas à pati del fretz que nous maltrèto ;

Cadu dins so cambretto'aoura soun fioucounel

Et li benezira l'oustalaide noubel

Arribat, à la fi, per gri la poucanado

Que nous fòt, àoutres cotz, mazeto Bouissounado.

Qu'un enganaide, dias, qu'abio'qui l'Abaydou !

Sus un fâoutur pla mol, al pè de soun fouaidou

Quan fasio missan tens tout lou tzoun se câoufabo ;

Mais lous pâoures abatz ?... Amai que s'en tzaoutabo !...

Se pensabo, belèou, que dins las déboutious

L'on es toutzoun prou câou pel la gracio de Diouş !.

Atobe quand anet al Cel tust'à la porto

Sain-Peide, s'ou m'oou ditz, li parlet de la sorto :

« Arresto, Bouissounado'arresto te'n boussi...

» Sios trop empeccadat per poude dintr'aici !

» Tampo-te que te boou desplega la counsensio !

» Te sios trufat de ycou et yeou pregno passensio,

» Mais aro n'oun beiden. — Oustalaide cruel !

» Coussi per mous abatz mettios par de fournel

» Quan te fèrou tira lou plan del semenari ?

» Sabios pas qu'à Roudez lou fioc es necessari

» Per poude sans tzara trabersa lous hibers ?...

» Escapos de pla pâou as tusous des iffers : —

» Ooumen preparo-te d'ana fa penitenço

» Et del Pèro'Eternel escouto la sentenço :

» Decoun naissou lous bens, sus la crinco d'un petz

» T'anaras atzouca lou tzoun amai la netz ;

» Dusqu'o que Bantzino qu'ai metut à to plaço,

» De toun gorre peccat bengo laba la traço. »

—

Sai-pas, Moussu l'abat, se sèz pas arrandut

De toun aquel bersun que mo Muso'a poundut.

Acoi pel darrè cop que l'ai daissado pondre ;

Aben prou rimaillat, Muso, bai te rescondre :

Se te bourio'scouta, « rimo-que-rimaras, » —

Et fario pas repus ; — adesias, adesias...,

Bai-ten per tout l'hiber... et beiden pel la primo ;

Mais, aban de parti, presto-me'n'àoutro rimo

Per dire'à Moussu Gres qu'you serio pla counten

Se tous berses poudiou lou degaya'n'moumen.

A MOUNSEIGNOUR DELALLO

En tournetzado pastouralo

PER LI DEMANDA' UN COUNTZET

———ᴡᴡᴡᴡ———

Al biel Semenari de philousouphio, lou dozo-sept de mai 1865.

——

Mounseignour,

Aco sou lous effans del bostre semenari
Que benou bous prega, per estraourdenari,
De lour douna' l pus léou, s'ou troubas aperpaous,
En grand countzet de mai per prene de repaous.

Douna-lou nous, tiras ! — Poudez pla segur creide

Que n'aben pla besoun : — Quan nous tonrnarez beide

Seren pus rebeillats, aouren mai de coulour,

Seren pas tout à fet roustits pel la calour.

Ooutromen, besèz-be, se caoucos proumenados

Al mietz de las qu'abèn n'èrou pas semenados,

Nous beidias, d'aici lèou, de lassieido' squinatz,

Toutes espeloufrits, toutes rabastinatz ;

Secarlis, atucatz, magres coumo de posses,

Aourian pas que la pel per acata lous osses.

Bous mêmes, Mounseignour, ne besèz la rasou :

Dias, que bourèz que fen, amb' aquesto sasou ,

Sarratz dins de dartouers, cambretos ou mansardos

Coumo dins un barrial sou trouillados las sardos ?

Li sèn tout en troupel que sans nous fa pitzous,

Poudèn pas dins lou lietz marga lous cambatzous ;

Nous cal quilla lous pès et replega l'esquino

Per apèi roulla'aqui coumo' n sac de farino.

Las netzes, per afin d'abure' n boussi d'airt,

Souben nous cal daissa lou fenestrou dubert,

Capaples, milo cotz, d'atrapa' na flaoumiéido.

Lou tzoun sèn pas milhour, — arranduts de lassieido

Lou cors es tout pataou, l'esprit tout mal pountzut
Ba rude coumo' n ais que n'es pas pla gountzut.
Elloc que quan pouden atrapa lou deforo
Aco nous derebeillo', aco nous rebiscoro.
Se nous besias frulla quan nous besèn al larc !
Se nous besias sâouta quan dintran dins lou parc !
Semblan lous agnelous aserbatz pel la primo
Que se gropou pes prats d'al founs dusqu'à la cimo.
— A qui de bos pertout, lou cur monto bos Dious ;
Aousen lous aousselous qu'an bastien lours nious
Al Rei del Paradis estuflou lour aoubado ;
Cinquanto milo flours luzentos de rouzado
Miraillou lou sourel et duèbrou lous œillous,
L'abeillo' n brountziguen cargo sous arpaillous
Et rousso coumo l'or s'en ba basti so bresco ;
Lous peissous d'al pesquié nadou dins l'aio fresco
Et foou tzus nostres œls cinquanto milo tours,
Tout canto lou bounhur dins toutes lous entours.
Penden tout aquel tzoun que lou Cel nous amboyo
Nadan toutes entiès dins uno mar de tzoio ;

Et pièi, lou lendemo, lestes et degourditz
Aben d'un biral d'œl lous argumens ourditz.

—

Acaban, Mounseignour et demandan al Cel,
Que bous en tournetzen bostre poulit troupel
Atzes de bos pertout lou bounhur à la pisto
Et des brabes chrestiès acoumourez la listo :
Que lou diapplas pertout futzigo doban bous
Et daisse per toutzoun lous pâoures effantous
Qu'abio retourtillatz dins sos negros enganos.
Baste qu'an lou gâoulou li coupesses las banos !!!

TABLE

PATOUÈS.

Rodez. — Imp. H. de Broöa, boulevard Sainte-Catherine.

www.ingramcontent.com/pod-product-compliance
Lightning Source LLC
Chambersburg PA
CBHW052118090426
42741CB00009B/1867